Diese Ausgabe entstand unter Verwendung
der Original-Illustrationen von Gertrud Caspari.
Mit freundlicher Genehmigung und Unterstützung
der Gertrud-Caspari-Familienstiftung.

Einige Geschichten und Gedichte wurden gekürzt.

Vorwort: Folke Stimmel
Redaktion: Sibylle Schumann
Grafik: Christin Fischer, Marina Scheuermann

Frohe Weihnachten!

Geschichten und Gedichte zur Adventszeit

Mit Bildern von Gertrud Caspari,
Ernst Kutzer, Cora Lauzil
und Lore Friedrich-Gronau

esslinger

ALFRED HAHN'S VERLAG

Inhalt

Vorwort 8

Süßer die Glocken nie klingen 11
Friedrich Wilhelm Kritzinger

Gebet ans Christkind 12
Margarete Weinhandl

Nussknacker und Mausekönig 14
E. T. A. Hoffmann

Weihnachten 19
Joseph von Eichendorff

Knecht Ruprecht 20
Theodor Storm

Bald kommt der Nikolaus 23

Winterlied 25
Cosmus Flam

König Winter 26
Adolf Holst

Weihnachtstraum 28
Jakob Loewenberg

Weihnachten in der Speisekammer 30
Paula Dehmel

Juchhe, der erste Schnee! 32

Schneeflöckchen, Weißröckchen 33
Hedwig Haberkern

Weihnachten 34
Arno Holz

An den Winter. 37
Elisabeth Kulmann

Die himmlische Musik 38
Richard von Volkmann-Leander

Weihnachten 40

Der Bratapfel 41

Neue Erfindung. 42
Matthias Claudius

Schlitten heraus! 44

Sankt Niklas' Auszug 45
Paula Dehmel

Wie der Sommer für Weihnachten sorgt. 46
Johannes Trojan

Der kleine Tannenbaum 48
Manfred Kyber

Der erste Schnee 51
Adolf Holst

Die Weihnachtsgeschichte nach Lukas 52
Lk 2, 1–20

Des Baumes Traum 55
Elisabeth Ebeling

Christkindleins Weihnachtsbaum 56
L. H. Richter

Die heilige Nacht. 58
Selma Lagerlöf

Was ich heute mache. 61
Adolf Holst

Teddy und Püppchen beim Christkind. 63
Adolf Holst

Bimmelt was die Straße lang 65

Denkt euch, ich habe das Christkind gesehen. . 66
Anna Ritter

In der Himmelswerkstatt 69
Adolf Holst

Morgen, Kinder, wird's was geben 70
Philipp von Bartsch

Leise rieselt der Schnee 71

O Wunderwelt, o Winterpracht! 72
Adolf Holst

Wundersam im Weihnachtszimmer 74
Adolf Holst

Quellenverzeichnis 76

Vorwort

„... In dem Augenblick ging es mit silberhellem Ton: Klingling, klingling, die Türen sprangen auf und solch ein Glanz strahlte aus dem großen Zimmer hinein, dass die Kinder mit lautem Ausruf: ‚Ach! – Ach!' wie erstarrt auf der Schwelle stehen blieben ...'" – wer erinnert sich nicht aus seiner eigenen Kindheit an diesen aufregenden, glücklichen Augenblick zur weihnachtlichen Bescherung? Auch heute noch glänzen dabei die Kinderaugen so strahlend, wie es E.T.A. Hoffmann 1816 in seinem Märchen vom „Nussknacker und Mausekönig" meisterhaft beschrieb. Waren damals die Geschenke auf dem Gabentisch auch andere als heute, so bleibt die Freude an den Überraschungen doch immer noch die gleiche.

Freude zur Weihnachtszeit soll auch dieses Buch bereiten. Lieder, Gedichte, Geschichten aus vergangenen Zeiten – eingebettet in entsprechenden Buchschmuck – werden gleichsam wie auf einem Gabentisch ausgebreitet. So reicht die Spanne von der Weihnachtsgeschichte im Lukas-Evangelium über die Dichtung der Romantik bis in das ausgehende 19. und das beginnende 20. Jahrhundert. Manches ist heute noch so geläufig wie den Kindern von vor 100 Jahren, zum Beispiel die Gedichte „Weihnachten" von Joseph von Eichendorff oder „Knecht Ruprecht" von Theodor Storm. Anderes kommt vielleicht erst wieder beim Betrachten der Bilder ins Gedächtnis zurück, Bilder aus längst vergessenen und doch einst so geliebten Büchern. Die Schöpfer dieser Bilder, die überwiegend in der ersten Hälfte des 20. Jahrhunderts wirkten, taten sich durch viele qualitätvolle Kinderbücher hervor. Dazu gehören die Illustratorin Cora Lauzil (1881–1945), die Bildhauerin Lore Friedrich-Gronau (1908–2002) und der österreichi-

sche Maler und Grafiker Ernst Kutzer (1880–1965). Dieser war eng befreundet mit dem Pädagogen und Kinderbuchautor Adolf Holst (1867–1945), mit dem er in enger Zusammenarbeit zahlreiche Bücher schuf. Aus ihren gemeinsamen Büchern „Der Weihnachtsstern" und „Weihnacht, Weihnacht überall" ist hier eine kleine Auswahl in Text und Bild vertreten. Zahlreiche einprägsame Verse und fantasievolle Geschichten von Adolf Holst finden sich auch in Büchern, die von Gertrud Caspari (geb. 1873 Chemnitz, gest. 1948 Klotzsche bei Dresden) bebildert worden sind. Sie hat den überwiegenden Anteil am Bildschmuck in diesem Buch, weshalb nachfolgend etwas näher auf sie eingegangen werden soll. Gertrud Caspari gehörte mit einem umfangreichen und vielseitigen Werk zu den beliebtesten Kinderbuchillustratorinnen in der ersten Hälfte des 20. Jahrhunderts. Vor dem 1. Weltkrieg beeinflusste sie nicht unwesentlich die Gestaltung von Kleinkinderbüchern mit dem nach ihr benannten ‚Caspari-Stil'. Geprägt durch die damals verbreitete ‚Reformpädagogik' war es ihr wichtig, dass sich die Kinder in der von ihr wirklichkeitsgetreu dargestellten kindlichen Umwelt wieder erkennen und mit ihr identifizieren können. Gekennzeichnet ist der Stil durch die deutlichen Abgrenzungen mit klaren Linien, durch flächige kräftige Farbgebung und durch einen einfarbigen Hintergrund.

Zu den schönsten und bekanntesten Caspari-Büchern gehören „Kinderland, du Zauberland", „Kinderhumor für Auge und Ohr" und „Frühling, Frühling überall", die Gertrud zusammen mit ihrem Bruder, dem Münchner Kunstmaler Walter Caspari (geb. 1869 Chemnitz, gest. 1913 München) illustriert hat. Da sie selbst keine akademische künstlerische Ausbildung hatte, war sie besonders dankbar

für die wertvollen Hinweise, die ihr der ‚Maler-Bruder' zur technischen Umsetzung ihrer Bild-Ideen gegeben hat. Sein früher Tod traf sie schwer. Den von ihm 1912/13 mit dem „*Frühling*" und „*Sommer*" begonnenen Jahreszeitenzyklus vervollständigte sie 1914/15 mit dem „*Herbst*" und dem „*Winter*".

Betrachtet man die hier aus dem „*Winter*" abgebildeten Illustrationen genauer, so fallen die Motive aus der sächsischen Heimat Casparis ins Auge. Häufig hat sie für ihre Bücher Abbildungen aus der Landeshauptstadt Dresden und deren malerischer Umgebung gewählt, wie z.B. den ‚Striezelmarkt', den ältesten in Deutschland nachweisbaren Weihnachtsmarkt (S. 29) und die Brühlsche Terrasse mit der Silhouette der Frauenkirche (S. 35 und S. 51) oder die damals neu entstandene Gartenstadt Hellerau bei Dresden (S. 64), in deren unmittelbarer Nähe sie ihren Wohnsitz hatte. Vielfach ist auch das nahe Erzgebirge zu erkennen. Vor allem das dort traditionell gefertigte Holzspielzeug tritt in den Caspari-Büchern immer wieder in Erscheinung. Hatte dieses sie doch auf dem Krankenlager auf die Idee zu ihrem ersten Kinderbuch „*Das lebende Spielzeug*" (1903) gebracht.

Ihre frohen, humorvollen Bilder lassen vermuten, dass Caspari selbst eine ebenso freundliche, behütete Kindheit und ein sorgenfreies, ungetrübtes Leben hatte. Tatsächlich erlebte sie zunächst mit ihren vier Geschwistern im gut situierten bürgerlichen Haushalt der Eltern unbeschwerte erste Kinderjahre. In ihren Erinnerungen schreibt sie, dass ihr Vater, der „außerordentlich geschickt in allen Handfertigkeiten" war, sich im Hause „eine Werkstatt mit Hobelbank und allerlei Handwerkszeug eingerichtet" hatte, „die vor Weihnachten immer verschlossen und voller Geheimnisse war." Dort hat er für seine Kinder wunderschöne Spielsachen angefertigt, zum Beispiel ein großes, vollständig eingerichtetes Puppenhaus und einen fünf- bis sechsteiligen Puppengarten mit Laube, Gartenhaus, Pumpe und Schaukel. Jedoch als Gertrud zehn Jahre alt war, erkrankte der Vater schwer und starb fünf Jahre später. Das Vermögen war verloren gegangen. Von da an war die Mutter mit ihren fünf Kindern auf die Hilfe ihrer Familie angewiesen sowie auf eigenen Broterwerb.

Eine schwere, langjährige Krankheit hinderte Caspari später an der Ausübung ihres Berufswunsches als Zeichenlehrerin und an der Gründung einer eigenen Familie. Von den Folgen der Kriegs- und Nachkriegszeiten war sie ebenso wenig verschont geblieben wie die meisten anderen Menschen, auch hat unermüdlicher Fleiß und die relativ hohe Auflage ihrer Bücher (ca. 8 Millionen) ihr nicht die wirtschaftliche Unabhängigkeit gebracht, wie es nach heutigen Gegebenheiten zu vermuten wäre. Viel wichtiger waren ihr jedoch die Freude und das Glück, die sie beim eigenen Schaffen empfand sowie die Dankbarkeit ihres Publikums. So stellte sie selbst fest: „Der Strom der Freude, der von den Büchern und Bildern hinaus floss zu den kleinen und großen Menschenkindern kam zu mir zurückgeflossen durch das Echo der dankbaren Käufer und Besitzer."

Möge dieses Buch bei seinen Lesern – Jung und Alt – nicht nur nostalgische Gefühle hervorrufen, sondern die geistigen Gaben aus vergangener Zeit wieder in der Gegenwart lebendig werden lassen.

Folke Stimmel

Süßer die Glocken nie klingen

FRIEDRICH WILHELM KRITZINGER
(1816 – 1890)

Süßer die Glocken nie klingen
als zu der Weihnachtszeit;
's ist, als ob Engelein singen
wieder von Frieden und Freud'.
Wie sie gesungen in seliger Nacht,
wie sie gesungen in seliger Nacht,
Glocken mit heiligem Klang,
klinget die Erde entlang!

O wenn die Glocken erklingen,
schnell sie das Christkindlein hört,
tut sich vom Himmel dann schwingen
eilig hernieder zur Erd'.
Segnet den Vater, die Mutter, das Kind,
segnet den Vater, die Mutter, das Kind.
Glocken mit heiligem Klang,
klinget die Erde entlang!

Gebet ans Christkind

MARGARETE WEINHANDL (1880–1975)

Du liebes Christkind droben im Himmel!
Ich bitt' dich um einen neuen Schimmel,
mein alter geht schon so krumm und schwer,
er hat ja nur drei Beine mehr.
Zum Pferdchen aber wünsch' ich mir
ein schmuckes Wäglein und Geschirr.
Dann Esel und Kuh für meinen Stall,
einen tanzenden Kreisel und einen Ball,
ein Tannenbäumchen mit goldenen Kerzen,
mit Pfefferkuchen und Zuckerherzen.
Und endlich, Christkind, ach, ich bitt':
Bring meinem Bärli doch auch was mit,
vielleicht ein Band, eine silberne Schelle,
er ist ja mein treuester Spielgeselle;
drum schenk' uns allen beiden zusammen
ein seliges, fröhliches Weihnachten! Amen.

Nussknacker und Mausekönig

E. T. A. HOFFMANN (1776–1822)

Der Weihnachtsabend

Am vierundzwanzigsten Dezember durften die Kinder des Medizinalrats Stahlbaum den ganzen Tag über durchaus nicht in die Mittelstube hinein, viel weniger in das daran stoßende Prunkzimmer. In einem Winkel des Hinterstübchens zusammengekauert saßen Fritz und Marie, die tiefe Abenddämmerung war eingebrochen, und es wurde ihnen recht schaurig zumute, als man, wie es gewöhnlich an dem Tage geschah, kein Licht hereinbrachte. Fritz entdeckte ganz insgeheim wispernd der jüngeren Schwester (sie war eben erst sieben Jahre alt geworden), wie er schon seit frühmorgens es habe in den verschlossenen Stuben rauschen und rasseln und leise pochen hören. Auch sei nicht längst ein kleiner dunkler Mann mit einem großen Kasten unter dem Arm über den Flur geschlichen, er wisse aber wohl, dass es niemand anders gewesen als Pate Droßelmeier. Da schlug Marie die kleinen Händchen vor Freude zusammen und rief: „Ach, was wird nur Pate Droßelmeier für uns Schönes gemacht haben." Der Obergerichtsrat Droßelmeier war gar kein hübscher Mann, nur klein und mager, hatte viele Runzeln im Gesicht, statt des rechten Auges ein großes schwarzes Pflaster und auch gar keine Haare, weshalb er eine sehr schöne weiße Perücke trug, die war aber von Glas und ein künstliches Stück Arbeit. Überhaupt war der Pate selbst auch ein sehr künstlicher Mann, der sich sogar auf Uhren verstand und selbst welche machen konnte. Wenn daher eine von den schönen Uhren in Stahlbaums Hause krank war und nicht singen konnte, dann kam Pate Droßelmeier, nahm die Glasperücke ab, zog sein gelbes Röckchen aus, band eine blaue Schürze um und stach mit spitzigen Instrumenten in die Uhr hinein, so dass es der kleinen Marie ordentlich wehe tat, aber es verursachte der Uhr gar keinen Schaden, sondern sie wurde vielmehr wieder lebendig und fing gleich an recht lustig zu schnurren, zu schlagen und zu singen, worüber denn alles große Freude hatte. Immer trug er, wenn er kam, was Hübsches für die Kinder in der Tasche, bald ein Männlein, das die Augen verdrehte und Komplimente machte, welches komisch anzusehen war, bald eine Dose, aus der ein Vögelchen heraushüpfte, bald was anderes. Aber zu Weihnachten, da hatte er immer ein schönes künstliches Werk verfertigt, das ihm viel Mühe gekostet, weshalb es auch, nachdem es einbeschert worden, sehr sorglich von den Eltern aufbewahrt wurde.

„Ach, was wird nur Pate Droßelmeier für uns Schönes gemacht haben", rief nun Marie; Fritz meinte aber, es könne wohl diesmal nichts anderes sein als eine Festung, in der allerlei sehr hübsche Soldaten auf- und abmarschierten und exerzierten, und dann müssten andere Soldaten kommen, die in die Festung hineinwollten, aber nun schössen die Soldaten von innen tapfer heraus mit Kanonen, dass es tüchtig brauste und knallte. „Nein, nein," unterbrach Marie den Fritz, „Pate Droßelmeier hat mir von einem schönen Garten erzählt, darin ist ein großer See, auf dem schwimmen sehr herrliche Schwäne mit goldenen Halsbändern herum und singen die hübschesten Lieder. Dann kommt ein

kleines Mädchen aus dem Garten an den See und lockt die Schwäne heran und füttert sie mit süßem Marzipan."

„Schwäne fressen keinen Marzipan", fiel Fritz etwas rau ein, „und einen ganzen Garten kann Pate Droßelmeier auch nicht machen. Eigentlich haben wir wenig von seinen Spielsachen; es wird uns ja alles gleich wieder weggenommen, da ist mir denn doch das viel lieber, was uns Papa und Mama einbescheren, wir behalten es fein und können damit machen, was wir wollen." Nun rieten die Kinder hin und her, was es wohl diesmal wieder geben könne. Marie meinte, dass Mamsell Trutchen (ihre große Puppe) sich sehr verändere, denn ungeschickter als jemals fiele sie jeden Augenblick auf den Fußboden, welches ohne garstige Zeichen im Gesicht nicht abginge, und dann sei an Reinlichkeit in der Kleidung gar nicht mehr zu denken. Alles tüchtige Ausschelten helfe nichts. Auch habe Mama gelächelt, als sie sich über Gretchens kleinen Sonnenschirm so gefreut. Fritz versicherte dagegen, ein tüchtiger Fuchs fehle seinem Marstall durchaus, sowie seinen Truppen gänzlich an Kavallerie, das sei dem Papa recht gut bekannt.

So wussten die Kinder wohl, dass die Eltern ihnen allerlei schöne Sachen eingekauft hatten, die sie nun aufstellten, es war ihnen aber auch gewiss, dass dabei der liebe Heilige Christ mit gar freundlichen frommen Kindesaugen hineinleuchte, und dass, wie von segensreicher Hand berührt, jede

Weihnachtsgabe herrliche Lust bereite wie keine andere. Daran erinnerte die Kinder, die immerfort von den zu erwarteten Geschenken wisperten, ihre ältere Schwester Luise, hinzufügend, dass es nun aber auch der Heilige Christ sei, der durch die Hand der lieben Eltern den Kindern immer das beschere, was ihnen wahre Freude und Lust bereiten könne, das wisse er viel besser als die Kinder selbst, die müssten daher nicht allerlei wünschen und hoffen, sondern still und fromm erwarten, was ihnen beschert worden. Die kleine Marie wurde ganz nachdenklich, aber Fritz murmelte vor sich hin: „Einen Fuchs und Husaren hätt' ich nun einmal gern."

Es war ganz finster geworden. Fritz und Marie, fest aneinandergerückt, wagten kein Wort mehr zu reden, es war ihnen, als rausche es mit linden Flügeln um sie her und als ließe sich eine ganz ferne, aber sehr herrliche Musik vernehmen. Ein heller Schein streifte an der Wand hin, da wussten die Kinder, dass nun das Christkind auf glänzenden Wolken fortgeflogen zu andern glücklichen Kindern. In dem Augenblick ging es mit silberhellem Ton: Klingling, klingling, die Türen sprangen auf, und solch ein Glanz strahlte aus dem großen Zimmer hinein, dass die Kinder mit lautem Ausruf: „Ach! – Ach!" wie erstarrt auf der Schwelle stehen blieben. Aber Papa und Mama traten in die Türe, fassten die Kinder bei der Hand und sprachen: „Kommt doch nur, kommt doch nur, ihr lieben Kinder, und seht, was euch der Heilige Christ beschert hat."

Der Schützling

Eigentlich mochte Marie sich deshalb gar nicht von dem Weihnachtstisch trennen, weil sie eben etwas noch nicht Bemerktes entdeckt hatte. Durch das Ausrücken von Fritzens Husaren, die dicht an dem Baum in Parade gehalten, war nämlich ein sehr vortrefflicher kleiner Mann sichtbar geworden, der still und bescheiden dastand, als erwarte er ruhig, wenn die Reihe an ihn kommen werde. Gegen seinen Wuchs wäre freilich vieles einzuwenden gewesen, denn abgesehen davon, dass der etwas lange, starke Oberleib nicht recht zu den kleinen dünnen Beinchen passen wollte, so schien auch der Kopf bei Weitem zu groß. Vieles machte die propre Kleidung gut, welche auf einen Mann von Geschmack und Bildung schließen ließ. Er trug nämlich ein sehr schönes violettglänzendes Husarenjäckchen mit vielen weißen Schnüren und Knöpfchen, ebensolche Beinkleider und die schönsten Stiefelchen, die jemals an die Füße eines Studenten, ja wohl gar eines Offiziers gekommen sind. Sie saßen an den zierlichen Beinchen so knapp angegossen, als wären sie darauf gemalt. Komisch war es zwar, dass er zu dieser Kleidung sich hinten einen schmalen unbeholfenen Mantel, der recht aussah wie von Holz, angehängt und ein Bergmannsmützchen aufgesetzt hatte, indessen dachte Marie daran, dass Pate Droßelmeier ja auch einen sehr schlechten Matin umhänge und eine fatale Mütze aufsetze, dabei aber doch ein gar lieber Pate sei. Auch stellte Marie die Betrachtung an, dass Pate Droßelmeier, trüge er sich auch übrigens so zierlich wie der Kleine, doch nicht einmal so hübsch als er aussehen werde. Indem Marie den netten Mann, den sie auf den ersten Blick liebgewonnen, immer mehr und mehr ansah, da wurde

sie erst recht inne, welche Gutmütigkeit auf seinem Gesichte lag. Aus den hellgrünen, etwas zu großen hervorstehenden Augen sprach nichts als Freundschaft und Wohlwollen. Es stand dem Manne gut, dass sich um sein Kinn ein wohlfrisierter Bart von weißer Baumwolle legte, denn umso mehr konnte man das süße Lächeln des hochroten Mundes bemerken.

„Ach!", rief Marie endlich aus, „ach lieber Vater, wem gehört denn der allerliebste kleine Mann dort am Baum?" – „Der", antwortete der Vater, „der, liebes Kind, soll für euch alle tüchtig arbeiten, er soll euch fein die harten Nüsse aufbeißen, und er gehört Luisen ebensogut als dir und dem Fritz." Damit nahm ihn der Vater behutsam vom Tische, und indem er den hölzernen Mantel in die Höhe hob, sperrte das Männlein den Mund weit, weit auf und zeigte zwei Reihen sehr weißer spitzer Zähnchen. Marie schob auf des Vaters Geheiß eine Nuss hinein, und – knack – hatte sie der Mann zerbissen, dass die Schalen abfielen und Marie den süßen Kern in die Hand bekam. Nun musste wohl jeder

und auch Marie wissen, dass der zierliche kleine Mann aus dem Geschlecht der Nussknacker abstammte und die Profession seiner Vorfahren trieb. Sie jauchzte auf vor Freude, da sprach der Vater: „Da dir, liebe Marie, Freund Nussknacker so sehr gefällt, so sollst du ihn auch besonders hüten und schützen, unerachtet, wie ich gesagt, Luise und Fritz ihn mit ebenso vielem Recht brauchen können als du!" – Marie nahm ihn sogleich in den Arm und ließ ihn Nüsse aufknacken, doch suchte sie die kleinsten aus, damit das Männlein nicht so weit den Mund aufsperren durfte, welches ihm doch im Grunde nicht gut stand. Luise gesellte sich zu ihr, und auch für sie musste Freund Nussknacker seine Dienste verrichten, welches er gern zu tun schien, da er immerfort sehr freundlich lächelte. Fritz war unterdessen vom vielen Exerzieren und Reiten müde geworden, und da er so lustig Nüsse knacken hörte, sprang er hin zu den Schwestern und lachte recht von Herzen über den kleinen drolligen Mann, der nun, da Fritz auch Nüsse essen wollte, von Hand zu Hand ging und gar nicht aufhören konnte mit Auf- und Zuschnappen. Fritz schob immer die größten und härtesten Nüsse hinein, aber mit einem Male ging es – krack – krack – und drei Zähnchen fielen aus des Nussknackers Munde, und sein ganzes Unterkinn war lose und wacklig.

„Ach, mein armer lieber Nussknacker!", schrie Marie laut und nahm ihn dem Fritz aus den Händen. „Das ist ein einfältiger dummer Bursche", sprach Fritz. „Will Nussknacker sein und hat kein ordentliches Gebiss – mag wohl auch sein Handwerk gar nicht verstehn. Gib ihn nur her, Marie! Er soll mir Nüsse zerbeißen, verliert er auch noch die übrigen Zähne, ja das ganze Kinn obendrein, was ist an dem Taugenichts gelegen." – „Nein, nein", rief

Marie weinend, „du bekommst ihn nicht, meinen lieben Nussknacker, sieh nur her, wie er mich so wehmütig anschaut und mir sein wundes Mündchen zeigt! Aber du bist ein hartherziger Mensch, du schlägst deine Pferde und lässt wohl gar einen Soldaten totschießen." – „Das muss so sein, das verstehst du nicht", rief Fritz; „aber der Nussknacker gehört ebensogut mir als dir, gib ihn nur her." – Marie fing an heftig zu weinen und wickelte den kranken Nussknacker schnell in ihr kleines Taschentuch ein. Die Eltern kamen mit dem Paten Droßelmeier herbei. Dieser nahm zu Mariens Leidwesen Fritzens Partie. Der Vater sagte aber: „Ich habe den Nussknacker ausdrücklich unter Mariens Schutz gestellt, und da, wie ich sehe, er dessen eben jetzt bedarf, so hat sie volle Macht über ihn, ohne dass jemand dreinzureden hat. Übrigens wundert es mich sehr von Fritzen, dass er von einem im Dienst Erkrankten noch fernere Dienste verlangt. Als guter Militär sollte er doch wissen, dass man Verwundete niemals in Reihe und Glied stellt?" – Fritz war sehr beschämt und schlich, ohne sich weiter um Nüsse und Nussknacker zu bekümmern, fort an die andere Seite des Tisches, wo seine Husaren, nachdem

sie gehörige Vorposten ausgestellt hatten, ins Nachtquartier gezogen waren. Marie suchte Nussknackers verlorene Zähnchen zusammen, um das kranke Kinn hatte sie ein hübsches weißes Band, das sie von ihrem Kleidchen abgelöst, gebunden und dann den armen Kleinen, der sehr blass und erschrocken aussah, noch sorgfältiger als vorher in ihr Tuch eingewickelt. So hielt sie ihn wie ein kleines Kind wiegend in den Armen und besah die schönen Bilder des neuen Bilderbuchs, das heute unter den andern vielen Gaben lag. Sie wurde, wie es sonst gar nicht ihre Art war, recht böse, als Pate Droßelmeier so sehr lachte und immerfort fragte, wie sie denn mit solch einem grundhässlichen kleinen Kerl so schöntun könne? Jener sonderbare Vergleich mit Droßelmeier, den sie anstellte, als der Kleine ihr zuerst in die Augen fiel, kam ihr wieder in den Sinn, und sie sprach sehr ernst: „Wer weiß, lieber Pate, ob

du denn, putztest du dich auch so heraus wie mein lieber Nussknacker und hättest du auch solche schöne blanke Stiefelchen an, wer weiß, ob du denn doch so hübsch aussehen würdest als er!" – Marie wusste gar nicht, warum denn die Eltern so laut auflachten und warum der Obergerichtsrat solch eine rote Nase bekam und gar nicht so hell mitlachte wie zuvor. Es mochte wohl seine besondere Ursache haben.

Weihnachten

JOSEPH VON EICHENDORFF
(1788–1857)

Markt und Straßen stehn verlassen,
still erleuchtet jedes Haus,
sinnend geh ich durch die Gassen,
alles sieht so festlich aus.

An den Fenstern haben Frauen
buntes Spielzeug fromm geschmückt,
tausend Kindlein stehn und schauen,
sind so wunderstill beglückt.

Und ich wandre aus den Mauern
bis hinaus ins freie Feld,
hehres Glänzen, heil'ges Schauern!
Wie so weit und still die Welt!

Sterne hoch die Kreise schlingen,
aus des Schnees Einsamkeit
steigt's wie wunderbares Singen –
O du gnadenreiche Zeit!

Knecht Ruprecht

THEODOR STORM (1817–1888)

Von drauß' vom Walde komm ich her;
ich muss euch sagen, es weihnachtet sehr!
Allüberall auf den Tannenspitzen
sah ich goldene Lichtlein sitzen.

Und droben aus dem Himmelstor
sah mit großen Augen das Christkind hervor;
und wie ich so strolcht' durch den finstern Tann,
da rief's mich mit heller Stimme an:

„Knecht Ruprecht", rief es, „alter Gesell,
hebe die Beine und spute dich schnell!
Die Kerzen fangen zu brennen an,
das Himmelstor ist aufgetan.

Alt' und Junge sollen nun
von der Jagd des Lebens einmal ruhn;
und morgen flieg ich hinab zur Erden,
denn es soll wieder Weihnachten werden!"

So geh denn rasch von Haus zu Haus,
such mir die guten Kinder aus,
damit ich ihrer mag gedenken,
mit schönen Sachen sie mag beschenken.

Ich sprach: „O lieber Herre Christ,
meine Reise fast zu Ende ist;
Ich soll nur noch in diese Stadt,
wo's eitel gute Kinder hat."

„Hast denn das Säcklein auch bei dir?"
Ich sprach: „Das Säcklein, das ist hier:
Denn Äpfel, Nuss und Mandelkern
essen fromme Kinder gern."

„Hast denn die Rute auch bei dir?"
Ich sprach: „Die Rute, die ist hier;
doch für die Kinder nur, die schlechten,
die trifft sie auf den Teil, den rechten."

Christkindlein sprach:„So ist es recht;
so geh mit Gott, mein treuer Knecht!"
Von drauß' vom Walde komm ich her;
ich muss euch sagen, es weihnachtet sehr!

Nun sprecht, wie ich's hierinnen find!
Sind's gute Kind, sind's böse Kind?

Bald kommt der Nikolaus

DICHTER UNBEKANNT

Im Winter, wenn es stürmt und schneit
und's Weihnachtsfest ist nicht mehr weit,
da kommt weit her aus dunklem Tann
der liebe, gute Weihnachtsmann.

Knecht Ruprecht wird er auch benannt,
ist allen Kindern wohlbekannt.
Er kommt mit einem großen Schlitten
grad aus des tiefen Waldes Mitten.

In seinem Sack sind gute Sachen,
die braven Kindern Freude machen.
Doch auch die Rute ist zur Hand
für Kinder, die als bös' bekannt.

Das mag wohl früher so gewesen sein;
heut' gibt's nur brave Kinderlein.
Die sagen schnell ihr Sprüchlein auf,
Knecht Ruprecht macht den Sack dann auf.

Und Äpfel, Nüsse, Pfefferkuchen
darf gleich das liebe Kind versuchen.
Knecht Ruprecht aber fährt geschwind
davon zum nächsten art'gen Kind.

Winterlied

COSMUS FLAM (1899 – 1945)

Ja, der Winter, ja, der Winter
ist ein lieber Mann,
wo man weiße Bälle schmeißen,
Schlittschuh laufen kann.

Wo der Vater aus der Kammer
uns den Schlitten gibt,
und man hoch vom Berge rodelt,
dass es Funken stiebt.

Wo die Mutter Schokolade
abends in die Tassen gießt,
und man einen roten Apfel
recht mit Lust genießt.

Ja, der Winter, ja, der Winter
ist ein lieber Mann,
wo man weiße Bälle schmeißen,
Schlittschuh laufen kann.

König Winter

ADOLF HOLST (1867 – 1945)

Das ist der König Winter,
an Pelz und Bart so weiß!
Das Krähenvolk ist sein Geleit,
den Kindern bringt er weit und breit
die Welt voll Schnee und Eis.

Weihnachtstraum

JAKOB LOEWENBERG (1856–1929)

An der Straßenecke, in der Häuser Gedränge,
in der Großstadt wogender Menschenmenge,
inmitten von Wagen, Karren, Karossen
ist heimlich ein Märchenwald entsprossen,
von leisem Glockenklingen durchhallt:
von Weihnachtsbäumen ein Tannenwald.
Da hält ein Wagen, ein Diener steigt aus
und nimmt den größten Baum mit nach Haus.
Ein Mütterchen kommt und prüft und wägt,
bis endlich den rechten sie heimwärts trägt.
Verloren zur Seite ein Stämmchen stand,
das fasste des Werkmanns ruhige Hand.
So sah ich einen Baum nach dem andern
in Schloss und Haus und Hütte wandern,
und schimmernd zog mit jedem Baum
ein duftiger, glänzender Märchentraum. –

Froh schaukelnd auf der Zweige Spitzen
schneeweiß geflügelte Englein sitzen.
Die einen spielen auf Geigen und Flöten,
die andern blasen die kleinen Trompeten,
sie wiegen Puppen, sie tragen Konfekt,
sie haben Bleisoldaten versteckt,
sie schieben Puppentheaterkulissen,
sie werfen mit goldenen Nüssen,
und ganz zuhöchst, in der Hand einen Kringel,
steht triumphierend ein pausbackiger Schlingel.
Da tönt ein Singen, ein Weihnachtsreigen –
verschwunden sind alle zwischen den Zweigen.
Am Tannenbaum hängt, was in Händen sie trugen.
Ein Jubelschrei schallt; und von unten lugen
mit Äuglein, hell wie Weihnachtslichter,
glückselig lachende Kindergesichter.

Weihnachten in der Speisekammer

PAULA DEHMEL (1862–1918)

Unter der Türschwelle war ein kleines Loch. Dahinter saß die Maus Kiek und wartete. Sie wartete, bis der Hausherr die Stiefel aus- und die Uhr aufgezogen hatte; sie wartete, bis die Mutter ihr Schlüsselkörbchen auf den Nachttisch gestellt und die schlafenden Kinder noch einmal zugedeckt hatte; sie wartete auch noch, als alles dunkel war und tiefe Stille im Hause herrschte. Dann ging sie.

Bald wurde es in der Speisekammer lebendig. Kiek hatte die ganze Mäusefamilie benachrichtigt. Da kam Miek, die Mäusemutter, mit den fünf Kleinen, und Onkel Grisegrau und Tante Fellchen stellten sich auch ein.

„Frauchen, hier ist etwas Weiches, Süßes," sagte Kiek leise vom obersten Brett herunter zu Miek, „das ist etwas für die Kinder," und er teilte von den Mohnpielen aus. „Komm hierher, Grisegrau," piepste Fellchen und guckte hinter der Mehltonne vor, „hier gibt's Gänsebraten, vorzüglich, sag ich dir, die reine Hafermast; wie Nuss knuspert sich's." Grisegrau aber saß in der neuen Kiste in der Ecke, knabberte am Pfefferkuchen und ließ sich nicht stören. Die Mäusekinder balgten sich im Sandkasten und kriegten Mohnpielen. „Papa,"

sagte das größte, „meine Zähne sind schon scharf genug, ich möchte lieber knabbern, knabbern hört sich so hübsch an." „Ja, ja, wir wollen auch lieber knabbern," sagten alle Mäusekinder, „Mohnpielen sind uns zu matschig," und bald hörte man sie am Gänsebraten und am Pfefferkuchen. „Verderbt euch nicht den Magen," rief Fellchen, die Angst hatte, selber nicht genug zu kriegen, „an einem verdorbenen Magen kann man sterben."

Die kleinen Mäuse sahen ihre Tante erschrocken an; sterben wollten sie ganz und gar nicht, das musste schrecklich sein. Vater Kiek beruhigte sie und erzählte ihnen von Gottlieb und Lenchen, die drinnen in ihren Betten lägen und ein hölzernes Pferdchen und eine Puppe im Arm hätten; und dass in der großen Stube ein mächtiger Baum stände mit Lichtern und buntem Flimmerstaat, und dass es in der ganzen Wohnung herrlich nach frischem Kuchen röche, der aber im Glasschrank stände und an den man nicht heran könnte. „Ach," sagte Fellchen, „erzähle nicht so viel, lass die Kinder lieber essen."

Die aber lachten die Tante mit dem dicken Bauch aus und wollten noch viel mehr wissen, mehr als der gute Kiek selbst wusste. Zuletzt bestanden sie darauf, auch einen Weihnachtsbaum zu haben, und die zärtlichen Mäuseeltern liefen wirklich in die Küche und zerrten einen Ast herbei, der von dem großen Tannenbaum abgeschnitten war. Das gab einen Hauptspaß. Die Mäusekinder quiekten vor Entzücken und fingen an, an dem grünen Tannenholz zu knabbern; das schmeckte aber abscheulich nach Terpentin und sie ließen es sein und kletterten lieber in dem Ast umher. Schließlich machten sie die ganze Speisekammer zu ihrem Spielplatz. Sie huschten hierhin und dorthin, machten Männchen, lugten neugierig über die Bretter in alle Winkel hinein und spielten Versteck hinter den Gemüsebüchsen und Einmachtöpfen; was sollten sie auch mit dem dummen Weihnachtsbaum, an dem es nichts zu essen gab! Als aber das kleinste ins Pflaumenmus gefallen war und von Mama Miek und Onkel Grisegrau abgeleckt werden musste, wurde ihnen das Umhertollen untersagt und sie mussten wieder artig am Pfefferkuchen knabbern.

Am andern Morgen fand die alte Köchin kopfschüttelnd den Tannenast in der Speisekammer und viele Krümel und noch etwas, was nicht gerade in die Speisekammer gehört, ihr werdet euch schon denken können was! Als Gottlieb und Lenchen in die Küche kamen, um der alten Marie guten Morgen zu wünschen, zeigte sie ihnen die Bescherung und meinte: „Die haben auch tüchtig Weihnachten gefeiert." Die Kinder aber tuschelten und lachten und holten einen Blumentopf. Sie pflanzten den Ast hinein und bekränzten ihn mit Zuckerwerk, aufgeknackten Nüssen, Honigkuchen und Speckstückchen. Die alte Marie brummte; da aber die Mutter lachend zuguckte, musste sie schon klein beigeben. Sie stellte alles andere sicher und ließ den kleinen Naschtieren nur ihren Weihnachtsbaum.

Die Kinder aber jubelten, als sie am zweiten Feiertage den Mäusebaum geplündert vorfanden und hätten gar zu gern auch ein Dankeschön von dem kleinen Volke gehört.

Das aber lag unter der Diele und verdaute. „Den guten Speck vergesse ich mein Lebtag nicht," sagte Fellchen, und Grisegrau biss eine mitgebrachte Haselnuss entzwei; Kiek und Miek aber waren besorgt um ihre Kleinen, die hatten zu viel Pfefferkuchen gegessen, und ihr wisst, liebe Kinder, das tut nicht gut!

Juchhe,
der erste Schnee

VOLKSLIED

Juchhe, juchhe,
juchhe der erste Schnee!
In großen weißen Flocken,
so kam er über Nacht
und will uns alle locken
hinaus in Winterpracht.

Juchhe, juchhe,
erstarrt sind Bach und See!
Herbei von allen Seiten
aufs glitzerblanke Eis,
dahin, dahinzugleiten
nach alter froher Weis'!

Schneeflöckchen, Weißröckchen

HEDWIG HABERKERN (1837–1902)

Schneeflöckchen, Weißröckchen,
wann kommst du geschneit?
Du wohnst in den Wolken,
dein Weg ist so weit.

Komm, setz dich ans Fenster,
du lieblicher Stern,
malst Blumen und Blätter,
wir haben dich gern.

Schneeflöckchen, du deckst uns
die Blümelein zu,
dann schlafen sie sicher
in himmlischer Ruh'.

Schneeflöckchen, Weißröckchen,
komm zu uns ins Tal,
dann bau'n wir 'nen Schneemann
und werfen den Ball.

Weihnachten

ARNO HOLZ (1863 – 1929)

Und wieder nun lässt aus dem Dunkeln
die Weihnacht ihre Sterne funkeln.
Die Engel im Himmel hört man sich küssen,
und die ganze Welt riecht nach Pfeffernüssen ...
So heimlich war es die letzten Wochen,
die Häuser nach Mehl und Honig rochen,
die Dächer lagen dick verschneit,
und fern, noch fern schien die schöne Zeit.
Man dachte an sie kaum dann und wann.
Mutter teigte die Kuchen an,
und Vater, dem mehr der Lehnstuhl taugte,
saß daneben und las und rauchte.
Da, plötzlich, eh man sich's versah,
mit einem Mal war sie wieder da.
Mitten im Zimmer steht nun der Baum!
Man reibt sich die Augen und glaubt es kaum ...
Die Ketten schaukeln, die Lichter wehn,
Herrgott, was gibt's da nicht alles zu sehn!
Die kleinen Kügelchen und hier
die niedlichen Krönchen aus Goldpapier!
Und an all den grünen, glitzernden Schnürchen
all die unzähligen, kleinen Figürchen:

Mohren, Schlittschuhläufer und Schwälbchen,
Elefanten und kleine Kälbchen,
Schornsteinfeger und trommelnde Hasen,
dicke Kerle und rote Nasen,
reiche Hunde und arme Schlucker
und alles, alles aus purem Zucker!
Ein alter Herr mit weißen Beffchen
hängt gerade unter einem Äffchen.
Und hier gar schält sich aus seinem Ei
ein kleiner, geflügelter Nackedei.
Und oben, oben erst in der Krone!
Da hängt eine wirkliche, gelbe Kanone
und ein Husarenleutnant mit silbernen Tressen –
ich glaube wahrhaftig, man kann ihn essen!
In den offenen Mäulerchen ihre Finger
stehn um den Tisch die kleinen Dinger,
und um die Wette mit den Kerzen
puppern vor Freude ihre Herzen.
Ihre großen, blauen Augen leuchten,
indes die unsern sich leise feuchten.
Wir sind ja leider schon längst „erwachsen",
uns dreht sich die Welt um andere Achsen ...

An den Winter

ELISABETH KULMANN (1808 – 1825)

Willkommen, lieber Winter,
Willkommen hier zu Land!
Wie reich du bist, mit Perlen
spielst du, als wär es Sand!
Den Hof, des Gartens Wege
hast du damit bestreut;
sie an der Bäume Zweige
zu Tausenden gereiht.
Dein Odem, lieber Winter,
ist kälter, doch gesund;
den Sturm nur halt' im Zaume,
sonst macht er es zu bunt!

Die himmlische Musik

RICHARD VON VOLKMANN-LEANDER
(1830–1889)

Als noch das goldene Zeitalter war, wo die Engel mit den Bauernkindern auf den Sandhaufen spielten, standen die Tore des Himmels weit offen, und der goldene Himmelsglanz fiel aus ihnen wie ein Regen auf die Erde herab. Die Menschen sahen von der Erde in den offenen Himmel hinein. Das Schönste aber war die wundervolle Musik, die damals aus dem Himmel sich hören ließ. Der liebe Gott hatte dazu die Noten selber aufgeschrieben, und tausend Engel führten sie mit Geigen, Pauken und Trompeten auf. Wenn sie zu ertönen begann, wurde es ganz still auf der Erde. Der Wind hörte auf zu rauschen, und die Wasser im Meer und in den Flüssen standen still. Die Menschen aber nickten sich zu und drückten sich heimlich die Hände. Es wurde ihnen beim Lauschen so wunderbar zumut, wie man das jetzt einem armen Menschenherzen gar nicht beschreiben kann. – So war es damals; aber es dauerte nicht lange. Denn eines Tages ließ der liebe Gott zur Strafe die Himmelstore zumachen und sagte zu den Engeln: „Hört auf mit eurer Musik; denn ich bin traurig!" Da wurden die Engel auch betrübt und setzten sich jeder mit seinem Notenblatt auf eine Wolke und zerschnitzelten die Notenblätter mit ihren kleinen goldenen Scheren in lauter einzelne Stückchen; die ließen sie auf die Erde hinunterfliegen. Hier nahm sie der Wind, wehte sie wie Schneeflocken über Berg und Tal und zerstreute sie

in alle Welt. Und die Menschenkinder haschten sich jeder ein Schnitzel, der eine ein großes und der andere ein kleines, und hoben sie sich sorgfältig auf und hielten die Schnitzel sehr wert; denn es war ja etwas von der himmlischen Musik, die so wundervoll geklungen hatte. Aber mit der Zeit begannen sie sich zu streiten und zu entzweien, weil jeder glaubte, er hätte das Beste erwischt; und zuletzt behauptete jeder, das, was er hätte, wäre die eigentliche himmlische Musik, und das, was die anderen besäßen, wäre eitel Trug und Schein. Wer recht klug sein wollte – und deren waren viele –, machte noch hinten und vorn einen großen Schnörkel daran und bildete sich etwas ganz Besonderes darauf ein. Der eine pfiff a und der andere sang b; der eine spielte in Moll und der andere in Dur; keiner konnte den anderen verstehen. – So steht es noch heute. – Wenn aber der Jüngste Tag kommen wird, wo die Sterne auf die Erde fallen und die Sonne ins Meer und die Menschen sich an der Himmelspforte drängen wie die Kinder zu Weihnachten, wenn aufgemacht wird – da wird der liebe Gott durch die Engel alle die Papierschnitzel von seinem himmlischen Notenbuche wieder einsammeln lassen, die großen ebensowohl wie die kleinen, und selbst die ganz kleinen, auf denen nur eine einzige Note steht. Die Engel werden die Stückchen wieder zusammensetzen, und dann werden die Tore aufspringen und die himmlische Musik wird aufs Neue erschallen, ebenso schön wie früher. Da werden die Menschenkinder verwundert und beschämt dastehen und lauschen und einer zum andern sagen: „Das hattest du! Das hatte ich! Nun aber klingt es erst wunderbar herrlich und ganz anders, nun alles wieder beisammen und am richtigen Orte ist!" – Ja, ja! So wird's. Ihr könnt euch darauf verlassen.

Ehre sei Gott
in der Höhe,
Friede auf Erden
und den Menschen
ein Wohlgefallen

Weihnachten

Ein Bäumlein grünt im tiefen Tann,
das kaum das Aug' erspähen kann,
dort wohnt es in der Wildnis Schoß
und wird gar heimlich schmuck und groß.
Der Jäger achtet nicht darauf,
das Reh springt ihm vorbei im Lauf;
die Sterne nur, die alles sehn,
erschauen auch das Bäumlein schön.

Da mitten in des Winters Graus
erglänzt es fromm im Elternhaus.
Wer hat es hin mit einem Mal
getragen über Berg und Tal?
Das hat der heil'ge Christ getan.
Sieh dir nur recht das Bäumlein an!
Der unsichtbar heut' eingekehrt,
hat manches Liebe dir beschert.

Der Bratapfel

BAYERISCHES VOLKSGUT

Kinder, kommt und ratet,
was im Ofen bratet!
Hört, wie's knallt und zischt.
Bald wird er aufgetischt,
der Zipfel, der Zapfel,
der Kipfel, der Kapfel,
der gelbrote Apfel.

Kinder, lauft schneller,
holt einen Teller,
holt eine Gabel!
Sperrt auf den Schnabel
für den Zipfel, den Zapfel,
den Kipfel, den Kapfel,
den goldbraunen Apfel!

Sie pusten und prusten,
sie gucken und schlucken,
sie schnalzen und schmecken,
sie lecken und schlecken
den Zipfel, den Zapfel,
den Kipfel, den Kapfel,
den knusprigen Apfel.

Neue Erfindung

MATTHIAS CLAUDIUS (1740 – 1815)

Hab eine neue Erfindung gemacht, Andres, und soll Dir hier so warm mitgeteilt werden.

Du weißt, dass in jeder gut eingerichteten Haushaltung kein Festtag ungefeiert gelassen wird, und dass ein Hausvater zulangt, wenn er auf eine gute Art und mit einigem Schein des Rechtes einen neuen an sich bringen kann. So haben wir beide, außer den respektiven Geburts- und Namenstagen, schon verschiedene andre Festtage an unsern Höfen eingeführt, als das *Knospenfest*, den *Widderschein*, den *Maimorgen*, den *Grünzüngel,* wenn die ersten jungen Erbsen und Bohnen gepflückt und zu Tisch gebracht werden sollen, und so weiter.

Nun ist wohl wahr, dass der Sommer und sonderlich das Frühjahr viel schön sind. Gleich wenn der Winterschnee auftaut und man den bloßen Leib der Erde zum ersten Mal wieder sieht, fängt diese Vielschönheit an und geht denn immer mit größern Schritten fort, bis Blumen und Blätter aufgeblühet sind und der Mensch vor dem vollen Frühling steht, wie Gleims Kind vor einem schönen Blumenkorb. Und gewiss lehrt uns der Frühling Gott und seine Güte sonderlich; denn, wie Freund Fritz sagt, was so zu Herzen geht, muss aus irgendeinem Herzen kommen. Und also sind die Frühlings- und Sommerfesttage gar sehr am rechten Ort, ich habe nichts dawider.

Es ist mir aber doch immer schon vorgekommen, dass im Herbst und Winter auch was zu machen wäre, nur habe ich die Sache noch nie recht ins Klare bringen können.

Gestern aber, wie das mit den Erfindungen ist: Man findet sie nicht, sondern sie finden uns, gestern als ich im Garten gehe und an nichts weniger denke, schießen mir mit einmal zwei neue Festtage aufs Herz, der *Herbstling* und der *Eiszäpfel*, beide gar erfreulich und nützlich zu feiern.

Der *Herbstling* ist nur kurz und wird mit Bratäpfeln gefeiert. Nämlich: wenn im Herbst der erste Schnee fällt, und darauf muss genau achtgegeben werden, nimmt man so viel Äpfel als Kinder und Personen im Hause sind und noch einige darüber, damit – wenn etwa ein Dritter dazukäme – keiner an seiner quota gekürzt werde, tut sie in den Ofen, wartet, bis sie gebraten sind, und isst sie denn.

So simpel das Ding anzusehen ist, so gut nimmt sich's aus, wenn's recht gemacht wird. Dass dabei allerhand vernünftige Diskurse geführt auch oft in den Ofen hineingekuckt werden muss etc., versteht sich von selbst.

Der *Eiszäpfel* will nun wieder ganz anders traktiert sein und hat seine ganz besondre Nücken. Mancher denkt wohl: Wenn er Eiszapfen am Dache sieht, könne er nur gleich anfangen zu feiern; aber weit gefehlt, es wird mehr dazu erfordert. Der *Eiszäpfel* kann durchaus ohne einen Schneemann nicht gefeiert werden, und dazu muss erst Schnee sein und Tauwetter kommen, dass der Schneemann gemacht werden kann, und wenn er gemacht ist und vor dem Fenster steht, muss es wieder frieren, dass Eiszapfen am Dach werden, einer halben Elle lang und nicht länger und nicht kürzer …

Was sagst Du nun? Gelte, das ist 'n intrikates Fest! Es geht auch mancher Winter darüber hin, ohne dass eins zustande kommen kann. Wenn nun aber obige Umstände alle eingetreten sind und sonst kein merkliches Hindernis im Wege ist, so

kannst Du denn zwischen drei und vier Uhr nach-
mittags das Fest angehen lassen, das von Anfang
bis zu Ende mit trockenem Munde gefeiert wird.
Nach vier, wenn's dunkel worden ist, wird eine La-
terne in den hohlen Kopf des Schneemannes getan,
dass das Licht durch die Augen und den Mund her-
ausscheint – und denn geht Groß und Klein auf und
ab im Zimmer und sieht aus dem Fenster unter den
Eiszapfen hin nach dem Schneemann und denkt
dabei an einen andern Schneemann, ein jeder nach
dem ihm der Schnabel gewachsen ist, und das ist
der höchste Moment der Feier.

Lebe wohl, lieber Andres, und feiere fleißig alle
Festtage und Heilige Abende, bis der rechte Heilige
Abend anbricht.

Den 3. Oktober 1782

Dein etc.

Schlitten heraus!

Wer bleibt noch im Stübel?
Wer hockt noch im Haus?
Ihr Mädels und Buben,
die Schlitten heraus!

Hinaus auf die Berge
mit Hei und Hurra!
Die Welt ist ein Schneemann,
der Winter ist da!

Wir sausen und brausen
ins Tal wie der Blitz,
es fliegen die Röcke,
und fort ist die Mütz'!

Und geht's mal kopfüber
in Graben und Schnee –
da lach' ich bloß drüber,
es tut ja nicht weh!

Sankt Niklas' Auszug

PAULA DEHMEL (1862–1918)

Sankt Niklas zieht sich recht warm an;
Kinder, er ist ein alter Mann,
und es fängt tüchtig an zu schnein,
da muss er schon vorsichtig sein.

So geht es durch die Wälder im Schritt,
manch Tannenbäumchen nimmt er mit;
und wo er wandert, bleibt im Schnee
manch Futterkörnchen für Hase und Reh.

Aus Haus und Hütte strahlt es hell,
da hebt er dem Esel den Sack vom Fell,
macht leise alle Türen auf,
jubelnd umdrängt ihn der kleine Hauf:

„Sankt Niklas, Sankt Niklas,
was hast du gebracht?
Was haben die Englein
für uns gemacht?"

„Schön Ding, gut Ding,
aus dem himmlischen Haus.
Langt in den Sack!
Holt euch was raus!"

Wie der Sommer für Weihnachten sorgt

JOHANNES TROJAN (1837 – 1915)

Wie ist es um die Weihnachtszeit
doch auf der Welt so wunderschön,
wenn alles trägt ein neues Kleid
im Tal und auf den Bergeshöhn.

Ein Tannenbäumchen ist im Wald
erwachsen auf dem moos'gen Grund,
wo muntres Vogellied erschallt
und Blumen blühen lieblich bunt.

Ein Bienchen fliegt im Sonnenschein
wohl überm Heidekraut umher,
das sammelt süßen Honig ein,
sorgt auch für Wachs und müht sich sehr.

Zwei bess're Bäume wüsst ich kaum,
so viel auch in dem Garten stehn,
als Nussbaum ist und Apfelbaum,
so schön im Sommer anzusehn.

Es kommt der Herbst, der alles reift
und der ein Ende macht dem Blühn,
das Laub er von den Bäumen streift,
nur Tannenbäumchen bleiben grün.

Weithin fliegt über Land und See
die Schwalbe fort, leer ist ihr Nest,
und wenn herniederfällt der Schnee,
dann naht das liebe Weihnachtsfest.

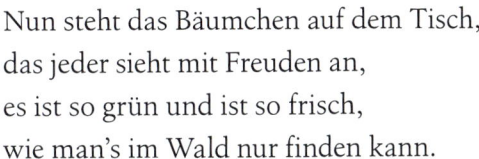

Nun steht das Bäumchen auf dem Tisch,
das jeder sieht mit Freuden an,
es ist so grün und ist so frisch,
wie man's im Wald nur finden kann.

Wachskerzen schimmern drauf, ihr wisst,
was man von seinen Zweigen pflückt:
mit Äpfeln und mit Nüssen ist,
mit Honigkuchen es geschmückt.

Viel hat der Sommer schon geschenkt
von dem, was jetzt ist aufgebaut,
doch wer am Weihnachtsabend denkt
an Bienchen noch und Heidekraut?

Der kleine Tannenbaum

MANFRED KYBER (1880 – 1933)

Es war einmal ein kleiner Tannenbaum im tiefen Tannenwalde, der wollte so gerne ein Weihnachtsbaum sein. Aber das ist gar nicht so leicht, als man das meistens in der Tannengesellschaft annimmt, denn der Heilige Nikolaus ist in der Beziehung sehr streng und erlaubt nur den Tannen als Weihnachtsbaum in Dorf und Stadt zu spazieren, die dafür ganz ordnungsmäßig in seinem Buch aufgeschrieben sind. Das Buch ist ganz erschrecklich groß und dick, so wie sich das für einen guten alten Heiligen geziemt, und damit geht er im Walde herum in den klaren kalten Winternächten und sagt es allen den Tannen, die zum Weihnachtsfeste bestimmt sind. Und dann erschauern die Tannen, die zur Weihnacht erwählt sind, vor Freude und neigen sich dankend. Dazu leuchtet des Heiligen Heiligenschein, und das ist sehr schön und sehr feierlich.

Und der kleine Tannenbaum im tiefen Tannenwalde, der wollte so gerne ein Weihnachtsbaum sein. Aber manches Jahr schon ist der Heilige Nikolaus in den klaren kalten Winternächten an dem kleinen Tannenbaum vorbeigegangen und hat wohl ernst und geschäftig in sein erschrecklich großes Buch geguckt, aber auch nichts und gar nichts dazu gesagt. Der arme kleine Tannenbaum war eben nicht ordnungsmäßig vermerkt – und da ist er sehr, sehr traurig geworden und hat ganz schrecklich geweint, so dass es ordentlich tropfte von allen Zweigen.

Wenn jemand so weint, dass es tropft, so hört man das natürlich, und diesmal hörte das ein kleiner Wicht, der ein grünes Moosröcklein trug, einen grauen Bart und eine feuerrote Nase hatte und in einem dunklen Erdloch wohnte. Das Männchen aß Haselnüsse, am liebsten hohle, und las Bücher, am liebsten dicke, und war ein ganz boshaftes kleines Geschöpf. Aber den Tannenbaum mochte es gerne leiden, weil es oft von ihm ein paar grüne Nadeln geschenkt bekam für sein gläsernes Pfeifchen, aus dem es immer blaue ringelnde Rauchwolken in die goldene Sonne blies – und darum ist der Wicht auch gleich herausgekommen, als er den Tannenbaum so jämmerlich weinen hörte und hat gefragt: „Warum weinst du denn so erschrecklich, dass es tropft?"

Da hörte der kleine Tannenbaum etwas auf zu tropfen und erzählte dem Männchen sein Herzeleid. Der Wicht wurde ganz ernst und seine glühende Nase glühte so sehr, dass man befürchten konnte, das Moosröcklein finge Feuer, aber es war ja nur die Begeisterung und das ist nicht gefährlich. Der Wichtelmann war also begeistert davon, dass der kleine Tannenbaum im tiefen Tannenwalde so gerne ein Weihnachtsbaum sein wollte,

und sagte bedächtig, indem er sich aufrichtete und ein paar Mal bedeutsam schluckte:

„Mein lieber kleiner Tannenbaum, es ist zwar unmöglich, dir zu helfen, aber ich bin eben ich und mir ist es vielleicht doch nicht unmöglich, dir zu helfen. Ich bin nämlich mit einigen Wachslichtern, darunter mit einem ganz bunten, befreundet und die will ich bitten, zu dir zu kommen. Auch kenne ich ein großes Pfefferkuchenherz, das allerdings nur flüchtig – aber jedenfalls will ich sehen, was sich machen lässt. Vor allem aber weine nicht mehr so erschrecklich, dass es tropft."

Damit nahm der kleine Wicht einen Eiszapfen in die Hand als Spazierstock und

wanderte los durch den tief verschneiten Wald, der fernen Stadt zu.

Es dauerte sehr, sehr lange, und am Himmel schauten schon die ersten Sterne der heiligen Nacht durchs winterliche Dämmergrau auf die Erde hinab, und der kleine Tannenbaum war schon wieder ganz traurig geworden und dachte, dass er nun doch wieder kein Weihnachtsbaum sein würde. Aber da kam's auch schon ganz eilig und aufgeregt durch den Schnee gestapft, eine ganze kleine Gesellschaft: der Wicht mit dem Eiszapfen in der Hand und hinter ihm sieben Lichtlein – und auch eine Zündholzschachtel war dabei, auf der sogar was draufgedruckt war und die so kurze Beinchen hatte, dass sie nur mühsam durch den Schnee wackeln konnte.

Wie sie nun alle vor dem kleinen Tannenbaum standen, da räusperte sich der kleine Wicht im Moosröcklein vernehmlich, schluckte ein paar Mal gar bedeutsam und sagte: „Ich bin eben ich – und darum sind auch alle meine Bekannten mitgekommen. Es sind sieben Lichtlein aus allervornehmstem Wachs, darunter sogar ein buntes, und auch die Zündholzschachtel ist aus einer ganz besonders guten Familie, denn sie

zündet nur an der braunen Reibfläche. Und jetzt wirst du also ein Weihnachtsbaum werden. Was aber das große Pfefferkuchenherz betrifft, das ich nur flüchtig kenne, so hat es auch versprochen zu kommen, es wollte sich nur noch ein Paar warme Filzschuhe kaufen, weil es gar so kalt ist draußen im Walde. Eine Bedingung hat es freilich gemacht: Es muss gegessen werden, denn das müssen alle Pfefferkuchenherzen, das ist nun mal so. Ich habe schon einen Dachs benachrichtigt, den ich sehr gut kenne und dem ich einmal in einer Familienangelegenheit einen guten Rat gegeben habe. Er liegt jetzt im Winterschlaf, doch versprach er, als ich ihn weckte, das Pfefferkuchenherz zu verspeisen. Hoffentlich verschläft er's nicht!"

Als das Männchen das alles gesagt hatte, räusperte es sich wieder vernehmlich und schluckte ein paar Mal gar bedeutsam und dann verschwand es im Erdloch. Die Lichtlein aber sprangen auf den kleinen Tannenbaum hinauf und die Zündholzschachtel, die aus so guter Familie war, zog sich ein Zündholz nach dem anderen aus dem Magen, strich es an der braunen Reibfläche und steckte alle die Lichtlein der Reihe nach an. Und wie die Licht-

lein brannten und leuchteten im tief verschneiten Walde, da ist auch noch keuchend und atemlos vom eiligen Laufen das Pfefferkuchenherz angekommen und hängte sich sehr freundlich und verbindlich mitten in den grünen Tannenbaum, trotzdem es nun doch die warmen Filzschuhe unterwegs verloren hatte und arg erkältet war.

Der kleine Tannenbaum aber, der so gerne ein Weihnachtsbaum sein wollte, der wusste gar nicht, wie ihm geschah, dass er nun doch ein Weihnachtsbaum war.

Am anderen Morgen aber ist der Dachs aus seiner Höhle gekrochen, um sich das Pfefferkuchenherz zu holen. Und wie er ankam, da hatten es die kleinen Englein schon gegessen, die ja in der heiligen Nacht auf die Erde dürfen und die so gerne die Pfefferkuchenherzen speisen. Da ist der Dachs sehr böse geworden und hat sich bitter beklagt und ganz furchtbar auf den kleinen Tannenbaum geschimpft.

Dem aber war das ganz einerlei, denn wer einmal in seinem Leben seine heilige Weihnacht gefeiert hat, den stört auch der frechste Frechdachs nicht mehr.

Der erste Schnee

ADOLF HOLST (1867 – 1945)

Nein, wer hätte das gedacht
beim zur Schule gehn!
Heute Morgen um halb acht
war noch nichts zu sehn.
Keine Flocke rings im Kreis,
jetzt ist alles zuckerweiß.

Wie das wirbelt, tanzt und sprüht!
Weiß ist jedes Haus.
Unsre Schule selber sieht
wie ein Schneemann aus.
Kinder, Bälle nun gemacht,
heut' gibt's eine Schneeballschlacht!

Die Weihnachtsgeschichte nach Lukas

Lk 2,1–20

In jenen Tagen erließ Kaiser Augustus den Befehl, alle Bewohner des Reiches in Steuerlisten einzutragen. Dies geschah zum ersten Mal; damals war Quirinius Statthalter von Syrien. Da ging jeder in seine Stadt, um sich eintragen zu lassen. So zog auch Josef von der Stadt Nazareth in Galiläa hinauf nach Judäa in die Stadt Davids, die Betlehem heißt; denn er war aus dem Haus und Geschlecht Davids. Er wollte sich eintragen lassen mit Maria, seiner Verlobten, die ein Kind erwartete.

Als sie dort waren, kam für Maria die Zeit ihrer Niederkunft, und sie gebar ihren Sohn, den Erstgeborenen. Sie wickelte ihn in Windeln und legte ihn in eine Krippe, weil in der Herberge kein Platz für sie war. In jener Gegend lagerten Hirten auf freiem Feld und hielten Nachtwache bei ihrer Herde. Da trat der Engel des Herrn zu ihnen und der Glanz des Herrn umstrahlte sie. Sie fürchteten sich sehr, der Engel aber sagte zu ihnen: Fürchtet euch nicht, denn ich verkünde euch eine große Freude, die dem ganzen Volk zuteil werden soll. Heute ist euch in der Stadt Davids der Retter geboren; er ist der Messias, der Herr.

Und das soll euch als Zeichen dienen: Ihr werdet ein Kind finden, das, in Windeln gewickelt, in einer Krippe liegt. Und plötzlich war bei

dem Engel ein großes himmlisches Heer, das Gott lobte und sprach: Verherrlicht ist Gott in der Höhe und auf Erden ist Friede bei den Menschen seiner Gnade. Als die Engel sie verlassen hatten und in den Himmel zurückgekehrt waren, sagten die Hirten zueinander: Kommt, wir gehen nach Betlehem, um das Ereignis zu sehen, das uns der Herr verkünden ließ. So eilten sie hin und fanden Maria und Josef und das Kind, das in der Krippe lag.

Als sie es sahen, erzählten sie, was ihnen über dieses Kind gesagt worden war. Und alle, die es hörten, staunten über die Worte der Hirten. Maria aber bewahrte alles, was geschehen war, in ihrem Herzen und dachte darüber nach. Die Hirten kehrten zurück, rühmten Gott und priesen ihn für das, was sie gehört und gesehen hatten; denn alles war so gewesen, wie es ihnen gesagt worden war.

Des Baumes Traum

ELISABETH EBELING (1828 – 1905)

Winter ist's, in seinem Bette
schläft der Bach am Waldessaum;
tief und weich im Schnee begraben
schläft der kleine Tannenbaum.

Spätzchen fliegt durch seine Zweige,
Sonne strahlt gar hell und licht,
Häschen schnuppert an den Nadeln;
unser Bäumchen merkt es nicht.

Denn es träumt von gold'nen Nüssen,
träumt von Äpfeln rot und rund;
träumt von Silberschaum und Kerzen,
träumt von Ketten, schmuck und bunt.

Hört im Schlafe Kinderstimmen,
heller noch als Fink und Star;
sieht im Schlafe Kinderaugen
wie die Sterne hell und klar.

So verträumt er viele Tage,
dicht mit weichem Schnee bedeckt,
bis ihn Jubelruf und Jauchzen
aus dem langen Schlaf erweckt.

Staunend sieht er seine Zweige
reichgeschmückt und lichtumkränzt;
sieht manch selig Kinderauge,
das ihm froh entgegenglänzt.

Denn zur Wirklichkeit geworden
ist sein wunderbarer Traum:
Das im Schnee begrab'ne Bäumchen
ward der schönste Weihnachtsbaum.

Christkindleins Weihnachtsbaum

L. H. RICHTER

Das kleine Tannenbäumchen war so groß geworden, dass es mit den anderen Tannen zu den Weihnachtsbäumchen gehörte. Also war es ganz ungeduldig und konnte es gar nicht abwarten, bis die Weihnachtszeit kam.

Als nun das Christkindlein mit dem Nikolaus kam, die Weihnachtsbäume auszusuchen, waren diese ganz still und trauten sich kein Wort zu sagen. Als der Nikolaus sagte: „Wir können nur die ganz gerade gewachsenen Bäumchen brauchen", reckten sich alle tüchtig in die Höhe. Reihe um Reihe suchten die beiden Himmelsboten die schönsten Bäumchen aus.

Ein kleines Bäumchen, das übrig geblieben war und allein am Rande stand, weinte bitterlich, dass ihm die Tränen von den grünen Zweiglein tropften. Als das Christkind fragte, warum es denn so traurig sei, erzählte das Bäumchen: „Als ich noch ganz klein war und in der Gegend eine große Jagdgesellschaft war, hat mich ein Schuss aus der Büchse eines Jägers am Bein getroffen. Die Wunde hat drei Tage lang geblutet und als sie endlich geheilt war, bin ich jedes Jahr ein bisschen schiefer gewachsen. Nun dürfen meine Freunde fort, und ich werde wohl nie an die Reihe kommen."

„Ich will dir etwas Schönes verraten", sagte das Christkind und wendete seinen Blick dabei zum Nikolaus hin. „In der nächsten Woche verpacken wir Geschenke, auf die ein kleines Zweiglein gelegt wird, die sollen von dir sein und einen ganz kleinen Christbaum brauche ich, der mir beim Tragen nicht zu schwer wird, das soll deine Bäumchenspitze sein. Ist's recht so?"

„Freilich ist's recht, und ich danke euch von Herzen!", antwortete das Tannenbäumchen, dessen schöne Spitze nun Christkindleins Weihnachtsbaum werden sollte.

Die heilige Nacht

SELMA LAGERLÖF (1858–1940)

Es war an einem Weihnachtstag, alle waren zur Kirche gefahren, außer Großmutter und mir. Ich glaube, wir beide waren im ganzen Hause allein. Wir hatten nicht mitfahren können, weil die eine zu jung und die andere zu alt war. Und alle beide waren wir betrübt, dass wir nicht zum Mettegesang fahren und die Weihnachtslichter sehen konnten.

Aber wie wir so in unserer Einsamkeit saßen, fing Großmutter zu erzählen an.

„Es war einmal ein Mann", sagte sie, „der in die dunkle Nacht hinausging, um sich Feuer zu leihen. Er ging von Haus zu Haus und klopfte an. ,Ihr lieben Leute, helft mir!', sagte er. ,Mein Weib hat eben ein Kindlein geboren, und ich muss Feuer anzünden, um es und den Kleinen zu erwärmen!' Aber es war tiefe Nacht, so dass alle Menschen schliefen, und niemand antwortete ihm.

Der Mann ging und ging. Endlich erblickte er in weiter Ferne einen Feuerschein. Da wanderte er dieser Richtung zu und sah, dass das Feuer im Freien brannte. Eine Menge weißer Schafe lag rings um das Feuer und schlief, und ein alter Hirt wachte über der Herde. Als der Mann, der Feuer leihen wollte, zu den Schafen kam, sah er, dass drei große Hunde zu Füßen des Hirten ruhten und schliefen. Sie erwachten alle drei bei seinem Kommen und sperrten ihre Rachen weit auf, als ob sie bellen wollten, aber man vernahm keinen Laut. Der Mann sah, dass sich die Haare auf ihrem Rücken sträubten, er sah, wie ihre scharfen Zähne funkelnd weiß im Feuerschein leuchteten, und wie sie auf ihn losstürzten.

Er fühlte, dass einer nach seiner Hand schnappte und dass einer sich an seine Kehle hängte. Aber die Kinnladen und die Zähne, mit denen die Hunde beißen wollten, gehorchten ihnen nicht, und der Mann litt nicht den kleinsten Schaden.

Nun wollte der Mann weitergehen, um das zu finden, was er brauchte. Aber die Schafe lagen so dicht nebeneinander, Rücken an Rücken, dass er nicht vorwärts kommen konnte. Da stieg der Mann auf die Rücken der Tiere und wanderte über sie hin dem Feuer zu. Und keins von den Tieren wachte auf oder regte sich."

So weit hatte Großmutter ungestört erzählen können, aber nun konnte ich es nicht lassen, sie zu unterbrechen. „Warum regten sie sich nicht, Großmutter!", fragte ich.

„Das wirst du nach einem Weilchen schon erfahren", sagte Großmutter und fuhr mit ihrer Geschichte fort. „Als der Mann fast beim Feuer angelangt war, sah der Hirt auf. Es war ein alter, mürrischer Mann, der unwirsch und hart gegen alle Menschen war. Und als er einen Fremden kommen sah, griff er nach seinem langen, spitzigen Stabe, den er in der Hand zu halten pflegte, wenn er seine Herde hütete, und warf ihn nach ihm. Und der Stab fuhr zischend gerade auf den Mann los, aber ehe er ihn traf, wich er zur Seite und sauste, an ihm vorbei, weit über das Feld."

Als Großmutter so weit gekommen war, unterbrach ich sie abermals. „Großmutter, warum wollte der Stock den Mann nicht schlagen?"

Aber Großmutter ließ es sich nicht einfallen, mir zu antworten, sondern fuhr mit ihrer Erzählung fort. – „Nun kam der Mann zu dem Hirten und sagte zu ihm: ,Guter Freund, hilf mir und leih mir ein wenig Feuer. Mein Weib hat eben ein Kind-

lein geboren, und ich muss Feuer machen, um es und den Kleinen zu erwärmen.' Der Hirt hätte am liebsten nein gesagt, aber als er daran dachte, dass die Hunde dem Manne nicht hatten schaden können, dass die Schafe nicht vor ihm davongelaufen waren und dass sein Stab ihn nicht fällen wollte, da wurde ihm ein wenig bange, und er wagte es nicht, dem Fremden das abzuschlagen, was er begehrte. ‚Nimm, so viel du brauchst', sagte er zu dem Manne. Aber das Feuer war beinahe ausgebrannt. Es waren keine Scheite und Zweige mehr übrig, sondern nur ein großer Gluthaufen, und der Fremde hatte weder Schaufel noch Eimer, worin er die roten Kohlen hätte tragen können.

Als der Hirt dies sah, sagte er abermals: ‚Nimm, so viel du brauchst!' Und er freute sich, dass der Mann kein Feuer wegtragen konnte. Aber der Mann beugte sich hinunter, holte Kohlen mit bloßen Händen aus der Asche und legte sie in seinen Mantel. Und weder versengten die Kohlen seine Hände, als er sie berührte, noch versengten sie seinen Mantel, sondern der Mann trug sie fort, als wenn es Nüsse oder Äpfel gewesen wären."

Aber hier wurde die Märchenerzählerin zum dritten Mal unterbrochen. „Großmutter, warum wollte die Kohle den Mann nicht brennen?"

„Das wirst du schon hören", sagte Großmutter, und dann erzählte sie weiter.

„Als dieser Hirt, der ein so böser, mürrischer Mann war, dies alles sah, begann er sich bei sich selbst zu wundern: ‚Was kann dies für eine Nacht sein, wo die Hunde nicht beißen, die Schafe nicht erschrecken, die Lanze nicht tötet und das Feuer nicht brennt?‘ Er rief den Fremden zurück und sagte zu ihm: ‚Was ist dies für eine Nacht? Und woher kommt es, dass alle Dinge dir Barmherzigkeit zeigen?‘

Da sagte der Mann: ‚Ich kann es dir nicht sagen, wenn du selber es nicht siehst.‘ Und er wollte seiner Wege gehen, um bald ein Feuer anzuzünden und Weib und Kind wärmen zu können.

Aber da dachte der Hirt, er wolle den Mann nicht ganz aus dem Gesicht verlieren, bevor er erfahren hätte, was dies alles bedeute.

Er stand auf und ging ihm nach, bis er dorthin kam, wo der Fremde daheim war. Da sah der Hirt, dass der Mann nicht einmal eine Hütte hatte, um darin zu wohnen, sondern er hatte sein Weib und sein Kind in einer Berggrotte liegen, wo es nichts gab als nackte, kalte Steinwände.

Aber der Hirt dachte, dass das arme unschuldige Kindlein vielleicht dort in der Grotte erfrieren würde, und obgleich er ein harter Mann war, wurde er davon doch ergriffen und beschloss, dem Kinde zu helfen. Und er löste sein Ränzel von der Schulter und nahm daraus ein weiches, weißes Schaffell hervor. Das gab er dem fremden Manne und sagte, er möge das Kind darauf betten. Aber in demselben Augenblick, in dem er zeigte, dass auch er barmherzig sein konnte, wurden ihm die Augen geöffnet, und er sah, was er vorher nicht hatte sehen, und hörte, was er vorher nicht hatte hören können.

Er sah, dass rund um ihn ein dichter Kreis von kleinen, silberbeflügelten Englein stand. Und jedes von ihnen hielt ein Saitenspiel in der Hand, und alle sangen sie mit lauter Stimme, dass in dieser Nacht der Heiland geboren wäre, der die Welt von ihren Sünden erlösen solle.

Da begriff er, warum in dieser Nacht alle Dinge so froh waren, dass sie niemand etwas zuleide tun wollten. Und nicht nur rings um den Hirten waren Engel, sondern er sah sie überall. Sie saßen auf dem Berge, und sie flogen unter dem Himmel. Sie kamen in großen Scharen über den Weg gegangen, und wie sie vorbeikamen, blieben sie stehen und warfen einen Blick auf das Kind.

Es herrschte eitel Jubel und Freude und Singen und Spiel, und das alles sah er in der dunklen Nacht, in der er früher nichts zu gewahren vermocht hatte. Und er wurde so froh, dass seine Augen geöffnet waren, dass er auf die Knie fiel und Gott dankte.“ Aber als Großmutter so weit gekommen war, seufzte sie und sagte: „Aber was der Hirte sah, das könnten wir auch sehen, denn die Engel fliegen in jeder Weihnachtsnacht unter dem Himmel, wenn wir sie nur zu gewahren vermögen.“

Und dann legte Großmutter ihre Hand auf meinen Kopf und sagte: „Dies sollst du dir merken, denn es ist so wahr, wie dass ich dich sehe und du mich siehst. Nicht auf Lichter und Lampen kommt es an, und es liegt nicht an Mond und Sonne, sondern was not tut, ist, dass wir Augen haben, die Gottes Herrlichkeit sehen können.“

Was ich heute mache ...

ADOLF HOLST (1867 – 1945)

Hei! Was ich heute mache,
das weiß ich ganz genau!
Ich bau mir einen Schneemann,
ja Schneemann!
Und eine Schneemannsfrau!

Und ich, ich zieh den Schlitten
hinauf zur steilsten Höh'
und setz mich drauf und rodle,
ja rodle,
mit heißa und juchhe!

Sind das nicht lauter Freuden,
die uns der Schnee gebracht?
Drum sei gelobt, Herr Winter,
ja Winter!
Das hast du fein gemacht!

Teddy und Püppchen beim Christkind

ADOLF HOLST (1867–1945)

Wie sie nun tanzten und fröhlich sprangen,
da ist das Christkind vorübergegangen,
und als es die armen zwei Püppchen gesehn,
da blieb es vor herzlichem Mitleid stehn,
fragte auch liebreich: „Wo kommt ihr denn her?"
– und wie denn das Unglück geschehen wär?
Dann hat es der Lies übers Köpflein gestrichen –
da war auch das böse Loch schon gewichen,
und auch das Näslein war wieder schön,
und es fehlte nicht eine von allen Zeh'n!

Und als es desgleichen beim Bärlein getan,
gleich wuchsen zwei schöne Arme ihm an,
und hinten ward alles wieder rundlich und voll,
wie's eben ein Teddylein haben soll.
Dann haben die Engel die zwei genommen,
und die Lies hat ein neues Kleidchen bekommen
und der Teddy ein himmelblau Seidenband.
Damit ist er stolz herumgerannt
und hat gebrummt und getanzt wie toll,
und die Englein fanden das wundervoll.

Bimmelt was die Straße lang

DICHTER UNBEKANNT

Bimmelt was die Straße lang,
kling und klang und kling und klang.
Hält ein Schlitten vor dem Tor
und ein Schimmel schnauft davor.
Aus dem Schlitten vor dem Haus
steigt der Nikolaus heraus.
Durch den Schnee stapft er daher,
oh, wie ist sein Sack so schwer.
Braven Kindern in dem Haus
leert er seinen Sack wohl aus.
Kling und klang und kling und klang,
weiter geht's die Straße lang.

Denkt euch, ich habe das Christkind gesehen

ANNA RITTER (1865–1921)

Denkt euch, ich habe das Christkind gesehen!
Es kam aus dem Walde, das Mützchen voll Schnee,
mit rotgefrorenem Näschen.

Die kleinen Hände taten ihm weh,
denn es trug einen Sack, der war gar schwer,
schleppte und polterte hinter ihm her.

Was drin war, möchtet ihr wissen?
Ihr Naseweise, ihr Schelmenpack –
denkt ihr, er wäre offen, der Sack?

Zugebunden bis oben hin!
Doch war gewiss etwas Schönes drin!
Es roch so nach Äpfeln und Nüssen!

In der Himmelswerkstatt

ADOLF HOLST (1867 – 1945)

Was zu Schaden ist gekommen,
doch als heilbar ward entdeckt,
das wird heimlich fortgenommen
und in einen Sack gesteckt.
So viel Englein – so viel Säcklein,
vollgestopft bis obenaus,
und mit seinem Spielzeugpäcklein
surrt ein jeder stolz nach Haus.

Himmelaufwärts geht's in Eile,
flügelbrausend, Schar um Schar,
dass man liebreich droben heile,
was hier voller Wunden war!
Wie ein grüßend Wehn und Winken
schwindet's über Wolken fern,
noch ein letztes Glühn und Blinken –
und erloschen ist der Stern ...

Dann geht es in die Schneiderei
und Tischlerei und Wäscherei:
Da wird gehämmert und geklopft,
geflickt, gewaschen und gestopft,
geleimt, gebügelt und genäht,
nach links gewendet und gedreht,
geputzt, gestrichen und lackiert,

gekämmt, gebürstet und frisiert –
bis jedes Ding, was es auch sei,
blitzblank und wieder nagelneu!
Und endlich stehn sie alle dann
und schauen sich verwundert an:
„Ach, bist du schön!" – „Ei, bin ich fein!"
Und jedes will das Schönste sein.

Knecht Ruprecht aber, der Weihnachtsmann,
sieht schmunzelnd sich dies Treiben an,
wandelt umher und gibt fein acht,
dass alles wird sauber und recht gemacht.

Hat sich wohl manchmal auch selber gebückt
und hier gebastelt und dort gerückt –
was dann natürlich besonders schön
und hold und himmlisch war anzusehn.

Morgen, Kinder, wird's was geben

PHILIPP VON BARTSCH (1770 – 1833)

Morgen, Kinder, wird's was geben,
morgen werden wir uns freun.
Welch ein Jubel, welch ein Leben
wird in unserm Hause sein!
Einmal werden wir noch wach,
heißa, dann ist Weihnachtstag!

Wie wird dann die Stube glänzen
von der großen Lichterzahl,
schöner als bei frohen Tänzen
ein geputzter Kronensaal!
Wisst ihr noch vom vor'gen Jahr,
wie's am Heil'gen Abend war?

Wisst ihr noch die Spiele, Bücher
und das schöne Schaukelpferd?
Schöne Kleider, woll'ne Tücher,
Puppenstube, Puppenherd?
Morgen strahlt der Kerzen.Schein,
morgen werden wir uns freun.

Wisst ihr noch mein Räderpferdchen,
Malchens nette Schäferin?
Jettchens Küche mit dem Herdchen
und dem blank geputzten Zinn?
Heinrichs bunten Harlekin
mit der gelben Violin?

Wisst ihr noch den großen Wagen
und die schöne Jagd von Blei?
Unsre Kleiderchen zum Tragen
und die viele Nascherei?
Meinen fleiß'gen Sägemann
mit der Kugel unten dran?

Welch ein schöner Tag ist morgen,
viele Freuden hoffen wir!
Unsre guten Eltern sorgen
lange, lange schon dafür.
O gewiss, wer sie nicht ehrt,
ist der ganzen Lust nicht wert.

Leise rieselt der Schnee

Leise rieselt der Schnee,
still und starr ruht der See,
weihnachtlich glänzet der Wald,
freue dich, Christkind kommt bald!

In den Herzen ist's warm,
still schweigt Kummer und Harm,
Sorge des Lebens verhallt,
freue dich, Christkind kommt bald!

Bald ist Heilige Nacht,
Chor der Engel erwacht,
hört nur, wie lieblich es schallt:
Freue dich, Christkind kommt bald!

O Wunderwelt, o Winterpracht!

ADOLF HOLST (1867–1945)

O Wunderwelt, o Winterpracht!
Nun naht die stille, heil'ge Nacht.
Im Himmelskleid auf schlankem Reh
Christkindlein reitet durch den Schnee.

Es reitet still in sanftem Schritt,
Englein und Wichtlein wandern mit,
und wo sie liebreich lächelnd nahn,
ist Weihnachtswonne aufgetan!

Wundersam im Weihnachtszimmer

ADOLF HOLST (1867 – 1945)

Wundersam im Weihnachtszimmer
strahlt der Baum im Kerzenschimmer;
wie das duftet, wie das glänzt,
Nadelgrün und bunt bekränzt!

Ach – und all die schönen Sachen,
die den Kindlein Freude machen:
Puppenwagen, Bücher, Ball,
Hampelmann und Pferdestall!

Drum, so lasst uns fröhlich springen
und von Herzen dazu singen:
„O du lieber, heil'ger Christ,
wie du doch so freundlich bist!"

Quellenverzeichnis

S. 5 oben, 22, 26, 27, 73, 74, 75, Motive aus: *Was König Winter den Kindern gebracht und wie der Frühling es anders gemacht*, Bilder von Cora Lauzil, Verse von Adolf Holst, Verlag A. Anton & Co, Leipzig 1925

S. 7: Motiv aus: *Daheim und draußen*, von Gertrud Caspari, Alfred Hahn's Verlag, Leipzig 1933

S. 11, 19, 37, 46, 53, 61 oben, Motive aus: *Kommt, Kinder! Singt! Neues Liederbuch*, Bilder von Gertrud Caspari, Alfred Hahn's Verlag, Leipzig 1934

S. 12, 34, 71, Motive aus: *Der Weihnachtsstern. Ein Wintermärchen*, Bilder von Ernst Kutzer, Verse von Adolf Holst, Alfred Hahn's Verlag, Leipzig 1925

S. 13, 17, 47, Motive aus: *Was die sonnige Welt dem Kinde erzählt*, Bilder von Cora Lauzil, Verlag A. Anton & Co, Leipzig und Berlin 1921

S. 15, 40, 50, Motive aus: *Kinderland, du Zauberland*, Bilder von Gertrud und Walther Caspari, Alfred Hahn's Verlag, Leipzig 1908

S. 16, 29, 30 oben, 41, 51, 59, 64, Motive aus: *Der Winter*, Bilder von Gertrud Caspari, Alfred Hahn's Verlag, Leipzig 1915

S. 18, 31, 48-49, Motive aus: *Das Buch vom Weihnachtsfest*, Bilder von Lore Friedrich-Gronau, Josef Scholz Verlag, Mainz 1935.

S. 21, 36, 65, Motive aus: *Kinderhumor für Auge und Ohr*, Bilder von Gertrud und Walther Caspari, Alfred Hahn's Verlag, Leipzig 1906

S. 24: Motiv aus: *Anschauungs- und Darstellungsbuch. Auf dem Lande*, Bilder von Gertrud Caspari, Alfred Hahn's Verlag, Leipzig 1909

S. 25, 61 unten, Motive aus: *Kommt nur herein! Ein lustiges Bilderbuch*, Bilder von Gertrud Caspari, Alfred Hahn's Verlag, Leipzig 1926

S. 28: Motiv aus: *Mein liebes kleines Buch*, Bilder von Gertrud Caspari, Alfred Hahn's Verlag, Leipzig 1928

S. 30, 44, Motive aus: *Ringel, Ringel, Reihe. Alte und neue Kinderlieder*, Bilder von Ernst Kutzer, Verse von Adolf Holst, Alfred Hahn's Verlag, Leipzig 1925

S. 32, 33, Motive aus: *König ist unser Kind*, Bilder von Gertrud Caspari, Alfred Hahn's Verlag, Leipzig 1910

S. 35: Motiv aus: *Frühling, Frühling überall!* Bilder von Gertrud und Walther Caspari, Alfred Hahn's Verlag, Leipzig 1910

S. 6, 39, 52: Vorlage für einen Adventskalender von Gertrud Caspari

S. 43, 62, 63, 68, 69, 70, Motive aus: *Weihnacht, Weihnacht überall. Ein Weihnachtsmärchen*, Bilder von Ernst Kutzer, Verse von Adolf Holst, Alfred Hahn's Verlag, Leipzig 1929

S. 45: weihnachtliches Motiv von Gertrud Caspari

S. 54: Kunstdruck *Weihnachtsglück im Walde* von Gertrud Caspari, Verlag für Volkskunst und Volksbildung, Stuttgart um 1912

S. 57, 67: Postkarten von Gertrud Caspari

S. 77: Motiv aus *König ist unser Kind*, neu gezeichnet von Gisela Schäfer, Alfred Hahn' Verlag, Hamburg 1955.

Als Originale lagen vor: S. 6, 8, 11, 16, 19, 21, 24, 25, 29, 37, 39, 41, 45, 46, 52, 53, 54, 59, 61, 76, 77

Hergestellt mit freundlicher Unterstützung der Gertrud-Caspari-Familienstiftung